SOUVENIRS

D'UN

SOLDAT SUISSE

AU

SERVICE DE NAPLES

DE 1857 A 1859

Par AUGUSTE MEYLAN

ILLUSTRÉ PAR MM. DOVIANE, POGGI, PEYRON & MEYLAN

DEUXIEME EDITION.

GENÈVE
IMPRIMERIE VANEY, RUE DU RHONE, 52

1868

Ex Libris Germain

A Monsieur Jules Granger.

Mon cher artiste,

Vous m'avez demandé plusieurs fois, il y a quelques années, quelque épisode d'une vie un peu orageuse.

J'ai cru vous être agréable en vous dédiant ce petit livre, qui est le récit d'une captivité de deux années dans le Royaume des Deux-Siciles.

Quand vous parcourrez ces pages, et que le souvenir vous reportera à Genève, pensez quelquefois aux amis qu'on est ici-bas obligé de quitter quand les impérieuses nécessités de la vie matérielle nous y obligent.

Quelquefois, dans les préoccupations de cette vie matérielle, l'amitié est un baume pour la douleur, et le souvenir du passé un rêve délicieux.

Je vous offre le livre et ma constante amitié, acceptez l'un et l'autre de votre tout dévoué.

A. Meylan.

Genève, le 20 Juin 1868.

SOUVENIRS
D'UN
SOLDAT SUISSE
AU
SERVICE DE NAPLES

La lune éclairait cette vaste plaine entourée de bois.

SOUVENIRS

D'UN

SOLDAT SUISSE

AU

SERVICE DE NAPLES

DE 1857 A 1859

Par AUGUSTE MEYLAN

ILLUSTRÉ PAR MM. COVIANE, PEYRON ET MEYLAN.

GENÈVE
IMPRIMERIE VANEY, RUE DU RHONE 52

1868

PROLOGUE

Avant 1859, la Suisse était entourée d'un réseau de bureaux de recrutement pour tous les services militaires possibles. La Hollande, de Lörach, envoyait partout des agents raccoleurs. Rome avait ses bureaux jusque dans les villes catholiques de la Confédération. Naples, qui avait presque une armée suisse, avait ses agences sur toute l'étendue de la frontière. Bâle, Constance, Bregenz, Lecco, étaient autant de grands dépôts sur lesquels étaient dirigées les recrues. Les sous-officiers prenaient, de Naples, six mois ou une année de congé, venaient en Suisse aux frais du gouvernement napolitain, puis recrutaient, dans le pays, tous les malheureux sans ouvrage, les misérables, les *têtes brûlées* et les âmes incomprises. Les hommes ne manquaient pas. Les promesses, les tableaux les plus riants de la vie de soldat décidaient les indécis.

Quand un sergent avait, dans un dépôt, son nombre d'hommes suffisant, il partait à travers les grandes montagnes du Tyrol ; alors les ignorants montagnards accouraient sur la route, devant les chalets. Les Tyroliennes offraient de l'eau-de-vie et criaient aux recrues, harassées de fatigue : *C'est bien, vous allez servir le Saint-Père, vous faites une bonne action, mais vous aurez bien chaud.*

On dirigeait les recrues sur Livourne, à travers tous les petits États souverains ; partout, sur leur passage, la foule accourait.

A Livourne, on les logeait dans le théâtre San-Leopoldo ; on les gardait là dans l'oisiveté, jusqu'à ce que plusieurs transports permissent d'en garnir le pont du *Stromboli*, du *Vesuvio*, du *Capri* ou de l'*Etna*. Quand ces transports étaient arrivés à Naples, on les distribuait dans les régiments qui avaient le plus besoin d'hommes.

Les régiments se composaient de douze compagnies, dont deux de grenadiers, deux de voltigeurs et huit du centre. Il y avait en outre, dans chaque régiment, une section d'artillerie, composée des plus beaux soldats. Chaque section avait une centaine d'hommes et cinquante chevaux. Les quatre régiments formaient donc une batterie complète, la plus belle, peut-être, du royaume.

Ferdinand II, qui avait pu remarquer combien il avait peu à compter sur ses régiments indigènes, s'était décidé à former un bataillon de chasseurs étrangers; ce bataillon prit le numéro treize. Il était connu dans toute l'armée par sa belle tenue, par ses manœuvres rapides. Le treizième formait un corps aussi solide que les régiments, aussi prompt qu'un bataillon de zouaves ou de chasseurs de Vincennes. Il tenait presque toujours garnison dans la province.

Une discipline de fer régnait dans l'armée suisse au service de Naples. Les plus inoffensifs délits étaient punis avec une rigueur extrême. La peine de la savate était appliquée aux récidivistes en ivrognerie, aux querelleurs, à ceux qui sortaient le sabre du fourreau. Puis le bâton, supplice infâme, était infligé aux coupables de délits plus graves. Deux sous-officiers, chacun un paquet de verges à ses pieds, frappaient sur le bas des reins du coupable cinquante, cent ou deux cents coups de bâton. Ce spectacle atroce était devenu si commun, que les soldats y assistaient sans sourciller; les recrues bien souvent en prenaient mal. Le code pénal prévoyait une multitude de cas de mort.

Les officiers avaient une autorité morale énorme. Peu se faisaient aimer du soldat. Les sous-officiers cherchaient à imiter leurs officiers, de là, une grande distance entre le simple soldat et le caporal.

Les vieux soldats étaient presque tous adonnés à l'eau-de-vie. Plusieurs régiments même nommaient régulièrement des sous-officiers de surveillance, avec mission de prendre note des buveurs, qui encouraient une punition de huit jours de salle de police, minimum de la peine. Cette intempérance des Suisses faisait contraste avec ce peuple napolitain si sobre.

Chacun le sait, les Suisses avaient l'habit rouge pour grande tenue, la veste blanche pour la semaine, la capote pour l'hiver. De plus, deux toilettes complètes en coutil bleu qu'on appelait la *fatigue*. La tenue de *fatigue* était aux frais du soldat. Le gouvernement fournissait quatre pantalons blancs pour quatre ans.

Les colonels, lieutenants-colonels, majors et commandants, avaient des traitements bien supérieurs à ceux de l'armée napolitaine; ces traitements princiers leur permettaient d'adoucir de mille manières la vie de caserne. Un colonel suisse, à ce que disaient les soldats, touchait une quinzaine de mille francs, non compris ses ordonnances et ses chevaux, avec les rations qui y sont attachées.

Tous les Suisses n'avaient pas droit aux honneurs et à l'avancement : ceux seuls qui appartenaient aux cantons capitulants pouvaient devenir officiers, les autres devaient se contenter des grades inférieurs jusqu'à adjudant.

Comme on le verra dans le journal qui va suivre, l'armée n'était ni une armée aguerrie, ni avide de gloire, le niveau moral était bas, le chauvinisme nul. Les soldats allaient volontiers aux processions, aux services d'église, parce que, alors, ils avaient une indemnité, bien légère, il est vrai, mais enfin qui venait à propos.

Les maladies, les condamnations, les galères, les renvois et les suicides éclaircissaient les rangs. Les suicides avaient parfois quelque chose de contagieux et d'effrayant. Quand prenait la manie du suicide, le dégoût du métier de soldat, la nostalgie, alors on les comptait par six, jusqu'à dix, en une semaine. Quelques soldats, subitement pris par le mal, se précipitaient des plus hauts étages du quartier sur la cour dallée, d'autres se pendaient jusque dans les salles de police; d'autres encore, et c'était le plus souvent, se tiraient, pour en finir, un coup de fusil.

Les malheureux qui n'avaient pu accomplir leurs projets étaient punis de la salle de police, ou bien le docteur les tenait pendant un mois à l'infirmerie, les traitant comme on traite les aliénés, ne leur accordant qu'un peu de bouillon et un peu de soupe, car c'est par la faim que les hommes s'attachent à la vie.

On avait quelques égards pour les recrues, le règlement était moins sévère et les punitions moins rigoureuses. Une recrue devait s'exercer pendant six, huit ou dix mois, avant d'être autorisée à faire *le service*. Une fois au *bataillon*, les recrues perdaient le bénéfice de ce titre, et étaient traitées avec autant de rigueur que les anciens.

Une année avant le *temps fini,* il était déjà fait, au moyen de brillantes piastres, des offres de rengagement aux soldats. Ceux-ci, comptant toujours sur une catastrophe, une guerre, un événement imprévu, se rengageaient pour quatre autres années. Au bout de huit ans ils cherchaient à obtenir le chevron des dix ans. Au bout de dix ans, c'étaient de vieux soldats incapables de faire autre chose que le métier de soldat, ou de suisse aux églises, et ils restaient soldats.

Il y avait un vieux soldat, dans une compagnie, qui était décoré de trois chevrons et d'une quantité de médailles, parmi lesquelles on distinguait celle de vingt-cinq ans. Or, quand il était sur le point de terminer son premier engagement de quatre ans, il était bien décidé à quitter le pays; il eut la maladresse d'imiter le coassement du corbeau au moment où un aumônier catholique passait dans la chambrée; l'aumônier, qui l'avait parfaitement vu, s'arrêtant devant lui, dit à l'officier qui l'accompagnait : Voilà un gaillard qui a une voix charmante, il imite tous les oiseaux, fourrez-le moi en cage, il chantera encore mieux. Le soldat fut mis à la salle de police. Epouvanté des suites de son imprudence, il se voyait déjà traîné devant le conseil de guerre. Son sergent-major lui fit offrir la levée de sa punition, une belle piastre neuve, et une plume pour signer un nouvel engagement. Il signa. Souvent il répétait en montrant ses chevrons : Ça vous apprendra, jeunes gens, à imiter les oiseaux.

L'armée suisse ne frayait pas avec l'armée napolitaine. Il y avait, du côté des Napolitains, une sorte de peur; du côté des Suisses, un peu de mépris. Le peuple tutoyait volontiers les Suisses.

En 1859, la cavalerie, l'artillerie et les pontonniers napolitains étaient encore armés des anciens fusils à pierre. Toute la troupe, sauf les chasseurs et les hussards, avaient le pantalon rouge.

La flotte napolitaine se composait de trois ou quatre vaisseaux de ligne qui tenaient difficilement

SOUVENIRS

D'UN

SOLDAT SUISSE

AU

SERVICE DE NAPLES

Ceux qui n'ont pas vu le royaume de Naples pendant le règne du roi Ferdinand ne peuvent se faire une idée du prestige qui entourait ce prince. Quand il passait dans les fertiles campagnes de la *Terre de Labour*, ou de la Calabre, le peuple en foule se pressait sur son passage, l'acclamant comme un dieu. Le piqueur passait-il au galop, tout le monde se découvrait; les joyeux *evviva* des femmes et des jeunes filles se mêlaient aux cris des laboureurs calabrais. Les enfants lançaient sur le passage de la voiture, la grosse fleur rouge du cactus ou les odoriférantes branches de l'*arouta*. La voiture passait, soulevant sous ses roues d'épais nuages de poussière. Les enfants royaux saluaient de la main, la reine jetait souvent de brillantes pièces de deux carlins, que les enfants se disputaient. Les syndics et les maires couraient à la cure. La garde urbaine se rassemblait pour féliciter le souverain bien-aimé. Mais souvent la voiture royale ne s'arrêtait qu'à Capoue ou à Caserte, et le roi ne se sentait à l'aise qu'au milieu de ses généraux, parmi lesquels il y avait bien des Suisses, qui avaient abandonné l'habit rouge au col d'or, pour la tunique bleue et les épaulettes d'argent.

Telle était l'état des choses à Naples; c'est que, dans ce temps-là, la vie matérielle était d'une simplicité primitive; le pain blanc se vendait quatre sous le rottoli (les deux livres), et la viande sept sous. Les impôts étaient presque nuls, comparés à ceux octroyés par l'unité italienne.

Tout le monde était content, sauf cependant les révolutionnaires et les esprits avancés, qui voyaient avec chagrin le clergé avoir en tout et partout la haute main, et l'armée jouir de mille priviléges, comme par exemple rudoyer sans raison les gens paisibles qui passent dans la rue, et qui oublient de faire place au soldat; encore si ces soldats avaient été des vainqueurs, ou des guerriers romains; mais, non, c'étaient des piliers d'église, qui avaient entendu bien plus souvent les litanies de l'autel que les fanfares guerrières et le bruit de la canonnade ennemie.

Malgré cela, le peuple, ce bon peuple ignorant, qui en politique ne connaît que le prix du pain, chantait et dansait. Quand venait la nuit, cette belle nuit étoilée, quand la brise de mer soufflait en ridant la surface phosphorescente de ce beau golfe de Naples, alors les gais Napolitains couraient les rues, plaisantant les jeunes filles qui reviennent par troupes de l'ouvrage, les pieds chaussés de sabots pointus avec une seule langue de cuir dans le bout; leurs robes courtes devant, traînantes derrière, il me semble les voir encore, ces pimpantes brunettes, que leurs poétiques parents ont baptisées des noms si expressifs, *Annarella. Carminella, Mariucce, Annunciata.*

Les unes avaient, de leurs doigts fins et roses, cousu tout le jour les grosses voiles des barques de Sorrente ; d'autres avaient piqué les bottines mignonnes de satin blanc, bleu ou rose. des *popolane* Souvent l'une d'elles, quittant ses compagnes, s'acheminait pensive vers la place du Château, où les écrivains publics, par vingtaines, établissaient leurs petits pupitres.

Pourquoi donc le sort a-t-il refusé un peu d'instruction à ces charmantes créatures, qui ne savent que rire et chanter ?

Combien ces tables d'écrivains publics étaient expressives, quel témoignage peu flatteur de l'instruction dirigée par tous les frères de la chrétienté, et quelle honte pour tous ces gens, qui trouvent plus commode de prier et de mendier plutôt que de travailler.

Dans les rues, le long du port, les marchands de toute sorte criaient à qui mieux mieux , les uns les macaroni à la sauce dorée, d'autres les peperoni qui frisollent dans l'huile d'olive. « Allons, signorina, c'est pour rien ; un pareil plat pour trois sous, il faudrait bien n'avoir pas un sou dans sa poche, pour refuser pareille *galanterie* à trois sous. » Et vous, belle Congeda. voyons ces accinghe dans ce pain blanc, ça ne vous tente pas ? Et les petits commis qui sortent de leurs boutiques en souliers vernis, toujours le même éternel cigare à la bouche, s'approchaient des poêles et des cuisines établis en plein vent, soupaient pour trois sous et couraient à la Villa-Reale étaler leurs bottes vernies et leurs cigares de sept centimes. Les *popolane*, qui se promènent bras dessus bras dessous, s'approchaient des marchands qui leur débitaient mille galants propos. *Come sei bella, carina?* En voyant tout cela, je ne pouvais m'empêcher de penser à nos bonnes tables servies avec tant de confort, à ces bonnes soupes succulentes, à la grande nappe de famille, aux liens de serviette brodés, à la modeste faïence, bien blanche et bien propre.

Sur les batteries et dans les forts, les sentinelles s'appelaient mutuellement à la vigilance ; j'entends encore leurs voix mélancoliques se répercutant dans la nuit: « *Sentinella, alerta* » criaient les Napolitains, et nous répondions : *Schildwach pass auf*. Sentinelle, fais attention ! Puis la sentinelle devant les armes entr'ouvrait la porte du corps de garde et criait bien fort: *Rien de nouveau;* tout le monde se rendormait.

Dans les cantines, et de maison en maison, allaient et venaient les frères quêteurs, un grand panier au bras, une petite boîte à la main; sur la boîte était l'image grossière d'un saint, que le frère présentait à baiser. Le dévot déposait, au profit du quêteur, une obole dans la boîte, et le frère s'en allait en bénissant la cuisine, les plats, les assiettes, les chaudrons ; il bénissait tout, le brave homme. Bienheureux pays, où les serviteurs de la religion ont toujours eu l'air d'être les satellites de l'être suprême.

Sur la mer, le soir, les pêcheurs lançaient leurs filets grossiers, qu'ils retiraient en chantant leur villanelle. Des dorades aux écailles dorées et rougeâtres, la *boga* au bec de bécasse, la mula aux couleurs métalliques, se débattaient dans le fond du bateau ; alors le pêcheur allumait sa torche de résine et éclairait tout sur son passage, lançant son trident sur le gros poisson qu'attire la lumière.

Naples, près des portes Capoue et Foria, avait un tout autre aspect. Les jours de marché, arrivaient de bien loin les habitants de la campagne. Les uns sur leurs charriots attelés de deux grands bœufs aux cornes immenses, d'autres dans leurs corricoli rapides, que traîne, couvert d'écume, un petit cheval aux membres souples et nerveux. La fille de la maison a orné sa tête d'une touffe de plumes de faisan, attachées à un gros ruban rouge. Dans le char, la *padrona* est assise à côté d'un gros père capucin à la robe défraîchie, figure réjouie ; c'est ordinairement le père Séraphin, confesseur de la padrona. Les enfants sont dans un filet sous le char ; derrière et debout, comme dans les anciens chars romains, le *padrone* conduit : à côté de lui est assise sa fille aînée, les oreilles ornées d'immenses boucles et coiffée d'un foulard rouge ou jaune, qui cache à peine d'épaisses nattes de cheveux plus noirs que le jais.

Les jardiniers, juchés sur leurs ânes déjà surchargés, les corricoli, les cavaliers, les diligences de la province, tout cela se presse et se heurte pour passer ; alors les chevaux se cabrent, les conducteurs crient, les ânes renversent, sur les grandes dalles, les lourds paniers de tomates, de *cucuzelle*, et le factionnaire, grand grenadier suisse, jure et se fâche pour rétablir l'ordre.

Telle était la situation de cette bonne ville de Naples, lorsqu'entra dans le port, au milieu des paquebots de toutes les nations, le grand vapeur de l'Etat *Vesuvio*, ayant à son bord 42 recrues suisses pour le service de Sa Majesté Ferdinand II. Qu'on se figure cette troupe de gens vêtus de blouses bleues, d'habits défraîchis, tachés par le goudron des bateaux. Je crois voir encore ces têtes blondes, ces enfants étonnés, ahuris, qui venaient de traverser, presque à pied, toute l'Italie, les duchés, le Tyrol allemand et italien, Mantoue et ses glacis, ses forts et ses remparts, couchant la nuit dans les casernes des Croates et des tirailleurs tyroliens, laissant partout une bribe de leur défroque, et n'apportant au régiment que leur mince bagage, leur gamelle et une pipe.

C'était le 4 août 1857, les cloches sonnaient à pleine volée le réveil de la nature, appelant les fidèles dans ces multitudes d'églises aux dômes de toutes les couleurs. On entendait les cloches du Carmine, dont la grande tour rouge monte vers le ciel; ces sons lointains, si doux et si tristes, nous allaient au cœur; nous écoutions, attendris, ces mélodies que la science appelle transmission des ondes sonores; parfois une cloche rappelait, à s'y méprendre, les cloches de notre ville, et je voyais défiler devant mes yeux tout un cortége de souvenirs. Je voyais le grand lac et ses rives, les promenades ombreuses, les montagnes bleues. J'entendais les chants de nos ateliers, je voyais le soleil se coucher derrière les chaînes du Jura, inondant de ses derniers rayons cette nature si belle, si belle qu'elle n'a pas sa pareille; alors un regret immense me prenait au cœur, de grosses larmes roulaient dans mes yeux, et les paysannes nous regardaient en disant : « *Poverino, còsa viene fare qui.* »

Les jardiniers déjà couraient sur les quais ; les boutiques s'ouvraient partout ; dans les mâts des navires chantaient les matelots qui déroulent leurs grandes voiles.

Le sergent qui nous avait accompagnés depuis Bregenz avait tout à fait perdu son ton familier. En quittant le port et les canaux, encombrés par les grands bateaux plats de la douane, on nous avait placés sur deux rangs et on nous avait numérotés ; nos noms avaient disparu.

CHAPITRE II.

La chaleur était presque intolérable, malgré l'heure matinale.

Dans le coin des rues, les *aquaioli*, ou marchands d'eau, criaient déjà leur limonade à la glace ; les femmes couraient à l'église la plus voisine, et les enfants de chœur avaient depuis longtemps sur le dos leur chemise blanche et la ceinture rouge. Les rues du quartier que nous traversions étaient garnies d'oriflammes blanches qui descendaient depuis les derniers étages des maisons jusqu'à terre. C'était la fête de Saint Dominique, patron de ce quartier.

Combien nous étions tous désillusionnés en parcourant ces rues garnies d'écorces de melons et de citrons, couvertes d'immondices. nous qui avions rêvé la Naples des poètes, délices des Romains; Naples la belle, comme la nomment Lamartine, A. Dumas et tant d'autres grands écrivains, qui, pour embellir leur texte, mêlent de la poésie à tout ce qu'ils décrivent.

On ne voyait dans ce quartier que des prêtres aux soutanes crasseuses, des enfants déguenillés, des maisons sales et des magasins aux étalages impossibles ; des comestibles sur lesquels voltigeaient des mouches par milliers; puis, de cent pas en cent pas, étendus à terre, des malheureux aux plaies hideuses à voir, qui sollicitaient la charité des passants sur les tons les plus lamentables.

C'était plaisir à voir se tirer de côté sur notre passage les voitures et les paysans, courir sur la rue les filles du peuple, nous regardant avec leurs grands yeux étonnés, et se dire entre elles: « Encore une troupe de Suisses pris au filet. » Telle était la tradition napolitaine à notre égard. Cette tradition était toute sérieuse chez un peuple qui ne connaît, en fait de géographie, que les pélerinages en renom, et en histoire, que la vie et la mort de tous ces saints qui forment journellement le sujet de ses invocations.

Il y avait bien, par-ci par-là, sur notre passage, quelque tête significative qui nous regardait passer en fronçant les sourcils, car à cette époque l'élément unitaire avait déjà fait du chemin. Des avertissements sérieux avaient été donnés au roi, son frère ne cessait de lui conseiller d'octroyer une Constitution libérale à la nation; mais le roi écoutait tout, remettait au lendemain ce qui aurait dû être fait le jour même, et, le lendemain, quelque nouvelle catastrophe l'obligeait à redoubler de sévérité.

C'est à cette époque qu'une batterie tout entière du Môle avait sauté, entraînant avec elle les pièces de canon énormes qui garnissaient la jetée, tuant et mutilant une centaine de soldats. Le navire à vapeur, transport de l'Etat, le *Carlo III*, fit explosion dans le port. On eut encore à déplorer la perte d'une partie de l'équipage, ainsi que d'une trentaine de jeunes recrues suisses qui partaient pour être distribuées dans les compagnies du premier régiment suisse, qui tenait alors garnison à Palerme.

Il y avait eu Agésilas Milano, exécuté sur la place San Francisco, où nous faisions chaque jour l'exercice. Il y avait eu aussi le *Cagliari*, ce vaisseau fantôme, qui avait déjoué les ruses des plus malins loups de mer de la marine napolitaine.

Les grands bras du télégraphe de St-Elme jouaient continuellement; aussi, à peine le vapeur *Fantôme* était-il signalé : vite, l'*Intrépide*, le *Veloce*, la *Mosca* sortaient du port et cheminaient à pleine vapeur vers la direction indiquée ; mais le *Cagliari* prenait son vol comme une mouette et disparaissait dans les vapeurs de l'horizon, ou derrière les innombrables abris qu'offrent, dans ces parages, les îles de Nisida, de Pons et de Sardaigne. Ce fut une véritable fête à la Darsène, quand la flotille napolitaine, flammes au vent, entra dans le port, remorquant un long vapeur criblé de boulets, sur les mâts duquel flottait encore un lambeau de pavillon aux trois couleurs unitaires. L'équipage disparut dans les cachots de Sa Majesté catholique.

Malgré tous ces avertissements, Ferdinand II oubliait ses promesses et les leçons de 1848, donnant tous ses soldats disponibles pour piquets d'honneur aux églises et pour les processions.

Mais aussi c'était un spectacle peu guerrier, mais bien beau, de voir, au milieu de l'encens qui monte en bleus nuages vers le ciel, prier de beaux enfants, de belles jeunes filles, aux grands yeux noirs sous leurs mantes brunes; puis derrière, des soldats suisses aux habits rouges, des hussards bleus, ou de grands et majestueux dragons aux panaches noirs.

Et ce peuple ignorant et impressionnable, sous l'influence de ce tableau, se jetait à genoux, implorant la bénédiction du prêtre qui cheminait devant cet apparat, de l'air grave d'un homme qui représente Dieu sur la terre, comme sont graves et sérieux sur la scène les acteurs qui représentent les rois, les empereurs et tous ceux qu'on appelle les grands de ce monde.

Après une demi-heure de route, nous fîmes notre entrée dans la caserne du deuxième régiment suisse de Sury. La caserne, située au milieu d'un épais groupe de maisons, se nommait comme le quartier, St-Appostoli. Ces grandes arcades aux chapiteaux corinthiens, aux socles de marbre, aux arabesques, chefs-d'œuvre de l'art; ces pièces de canon à gauche, l'horloge sous la voûte, je vois encore tout cela.

A droite et dans le fond, au milieu des plats de choux-fleurs et de pommes de terre, au-dessous de la madone du Carmine, enfumée par une mauvaise lampe, trônaient le cantinier du régiment, le père Raffael, et ses aides, se multipliant pour servir les soldats qui descendaient de leurs chambrées pour monter la garde. Leurs pantalons de coutil bleu, leurs vestes de flanelle blanche, je les vois encore, marchant avec circonspection de peur de salir leur fraîche toilette avant l'inspection du commandant de semaine.

Le tambour bat à la garde, chacun prend sa place. Le commandant passe lentement devant chaque homme, le regarde fixement des pieds à la tête, et le soldat respire quand le coup d'œil a été continué sur le voisin. L'inspection terminée, le tambour bat, les gardes partent dans toutes les directions pour relever les camarades. Dans le fond de la cour, sur le manége des chevaux d'artillerie, manœuvraient les hommes punis, soit le peloton de chasse. Trois heures le matin et trois heures l'après-midi, presque toujours au soleil, sac au dos, en voilà assez pour dompter les caractères les plus indisciplinables.

A peine dans l'intérieur de la caserne, la foule des soldats nous entoura, nous demandant des nouvelles de la patrie et des amis. L'arrivée des officiers de tous les régiments mit un terme à toutes ces questions, et l'opération du triage commença. Ce ne fut pas long, et j'entendis appeler mon nom parmi ceux du transport destiné au 15me bataillon de chasseurs, en garnison à Maddaloni.

Plusieurs jeunes gens, qui me parurent de fort honnêtes garçons, me conseillèrent de demander à rester au 2me régiment, le meilleur, ou le moins mauvais suivant eux. J'eus le plaisir de voir ma demande agréée et mon incorporation fut fixée à la 1re compagnie du 1er bataillon.

Comme elles étaient propres et superbes d'ordre nos chambrées, nos tréteaux noirs et bien alignés, la paillasse pliée en deux, les planches du lit cirées. Chaque homme avait son petit lit propre, presque coquet. Les sacs à brosses à gauche, au-dessus de la tête du lit, la giberne et le sabre, puis les effets, et par-dessus les effets, le sac et ses courroies croisées. Tout cela était réglementé ; la consigne ou la salle de police punissait les contrevenants. On me donna donc une place dans une petite chambrée où couchaient les ouvriers cordonniers, qui ne rentrent que le soir pour coucher au quartier, les recrues et les soldats qui n'ont pas de goût, et qu'on nomme de *sales soldats*, parce que ces pauvres diables n'aiment pas perdre leur temps à plier et à déplier, à polir et à repolir sans cesse tout l'attirail du bagage militaire.

Cette petite salle était autrefois la chapelle du couvent transformé en caserne. De belles peintures à fresque garnissaient les murs, mais les soldats impitoyables avaient presque partout surchargé de mille dessins les peintures attribuées à Salvator Rosa. Ici c'était le père éternel dans les nuages, auquel on avait ajouté des lunettes; là, Jacob au pied de l'échelle, avec une pipe et des favoris.

Et ces voûtes, consacrées jadis à la sanctification et à la prière, résonnaient des propos grossiers et des jurons expressifs de tous ces soldats.

A peine installé dans la compagnie, un sergent s'empara de ma personne et me lut le règlement et le code pénal en vigueur dans les régiments suisses au service du roi des Deux-Siciles. Les règlements étaient si longs et si compliqués, que je compris immédiatement que je ne parviendrais jamais au grade de caporal; quant au code pénal, c'était une diversion entre les baguettes, la mort, les fers, la mort ignominieuse. Aussi, quand le sergent me jugea assez épouvanté, il m'expliqua ce qu'est la hiérarchie militaire. Comme quoi le simple soldat doit respect et obéissance au caporal, le caporal au sergent, etc. Qu'il y a autant de différence entre un simple soldat et un caporal, qu'il y en a entre un sapeur et une recrue. Qu'enfin le soldat doit, en tout et partout, obéir sans murmurer, et que si le sergent dit que deux et deux font cinq, ou que les semaines ont neuf jours, le simple soldat doit être parfaitement convaincu que son supérieur a raison.

Quand la leçon fut terminée, il voulut bien me conter l'histoire des points bleus ou noirs qu'il avait au visage, et qui provenaient d'un coup de fusil, reçu à bout portant, lors de l'insurrection du 15 mai.

L'heure de la soupe sonna ; chacun courut aux cuisines y prendre sa gamelle, dont l'odeur appétissante remplissait la chambrée. Comme elle me parut bonne, cette simple soupe, après ces innombrables repas aux pâtes d'Italie, aux vermicelli de toutes formes et de toutes couleurs, que l'on nous avait offerts sur les bateaux de l'Etat.

Cette fois, j'étais bien incorporé pour quatre ans ; je ne pouvais plus en douter ni me faire illusion ; un numéro matricule majestueux fut placé sur tout ce qui m'appartenait ou m'était prêté par le gouvernement, puis on me fit coudre sur toutes les manches gauches un R qui voulait dire recrue ; mes effets civils furent vendus, et je me perdis dans la masse des soldats.

Les premiers jours, tout était nouveau pour moi, tout avait besoin d'explications ; j'admirais souvent et j'enviais le sort de mes camarades qui avaient terminé leur noviciat, et qui faisaient, comme nous disions, *leur service.*

C'est qu'il était bien beau le régiment. Tous les hommes sur trois rangs de taille, les plus petits au milieu, et quand, plus tard, nous allions au Champ-de-Mars avec nos grenadiers aux épaulettes blanches, nos chasseurs qui, au son des fanfares, se déployaient en chaîne immense, alors les tambours battaient la charge, les sections d'artillerie passaient comme le vent, puis tout s'arrêtait, et on entendait la voix grêle du général Riedmatten ; alors nous nous mettions tous à rire. Quand venait le repos, on s'étendait tout de son long dans les hautes bruyères, heureux de déboucler son sac, qui contenait six lourds paquets de cartouches.

Les marchands d'eau, d'oranges et de mandarines, couraient les groupes; bienheureux ceux qui avaient su garder un petit sou seulement, car on vit, en militaire, chacun pour soi, et le partage est inconnu.

Deux ans plus tard, les boîtes à mitraille avaient sillonné cette grande plaine qui s'étend au-dessus de la ville, le sang l'avait arrosée, et par tas on ramassait les morts. On en remplissait les fourgons de chaque régiment, puis ces pauvres corps, la veille pleins de vie et de santé, furent jetés, pêle-mêle, au Campo-Santo, dans les profondes fosses des déshérités, des pauvres et des soldats. Mais j'anticipe....

Notre compagnie était gaie, l'élément suisse français y dominait ; il y avait bien quelques mauvais gueux de sergents et de caporaux qui nous rendaient la vie amère, mais on s'occupait bien peu d'eux, et quand sonnait l'extinction des feux, nous rentrions tous dans nos lits, sans bruit, afin de ne pas leur donner prise sur nous; leur autorité était déjà assez grande. Un seul caporal était notre souffre-douleur, et payait pour tous ses confrères. Quel est le soldat de la première compagnie du deuxième régiment qui n'a pas connu le caporal Chapalay, surnommé Choux-fleur, à cause de sa tête blond-blanc et de sa tendance toute particulière, quand il avait l'ordinaire, à nous nourrir de soupe aux choux-fleurs?

Il y avait aussi le *Bleu,* vieux soldat à trois chevrons, et beaucoup d'autres encore qui avaient vieilli sous le harnais. Les uns avaient servi en Afrique, en Prusse, en Hollande, en Crimée, en Roumanie; d'autres avaient suivi Garibaldi dans ses immortelles campagnes de 1848.

Alors le soir, sur la terrasse, au-dessus des écuries de l'artillerie, ils nous contaient ces épisodes de la vie de soldat. Ils nous parlaient de la révolution du 15 mai, quand on criait dans les rues: « A trois sous la viande des Suisses! » Ils nous parlaient du pillage des banques de Syracuse et de Palerme, de leurs poches regorgeant de brillantes *colonnades de la Zecca*, alors que les soldats payaient volontiers une piastre pour faire cirer une paire de souliers. D'autres avaient fait partie de l'expédition dirigée contre les républicains romains. La colonne était arrivée à quelques milles de Rome, ils entendaient le son des cloches de la ville éternelle, ils voyaient le feu des bivouacs français sur les collines, ils entendaient tonner leurs cent pièces d'artillerie contre les murs de Rome, défendue par le Triumvirat. Tous ces récits me faisaient bien petit, et je me trouvais un bien faible soldat, quand mon long sabre me battait dans les jambes, et quand la baïonnette tremblait au bout du fusil croisé.

Quelquefois aussi, le soir, on chantait les refrains du pays et ses chants patriotiques.

Les nouveaux venus apportaient les romances en vogue au pays. Je me rappelle de tout cela comme si c'était d'hier. Nous n'étions plus des oppresseurs de liberté, nous redevenions Suisses, et dans la caserne les sous-officiers nous promettaient mentalement une revanche. Les antiques murailles du couvent ont bien souvent retenti des échos du *Sire de Framboisy* et des *Folichons*. On s'endormait bien tristes, quand on avait chanté les belles paroles du chœur de la *Jérusalem délivrée :*

> Ciel, enfin, signale ta puissance,
> Vers la Suisse ouvre-nous un chemin;
> Ciel si doux, frais abris des vieux chênes,
> Pur cristal de nos sources lointaines.

Le tambour de garde nous rappelait alors à la réalité ; tout le monde se taisait, et on n'entendait plus que les cris de quelque pauvre diable aviné qu'on flanquait, sans cérémonie, à la salle de police, ou le pas cadencé du garde-chambres, se promenant à pas lents, veillant sur tous. La lueur vacillante de la lampe l'éclairait à peine, on le distinguait à demi endormi, la dragonne de son sabre autour des épaules, écoutant sonner les horloges de la ville.

Le matin, au jour, le tambour battait la diane, et immédiatement après l'appel pour les recrues; il faisait jour à peine, et bien souvent, las et fatigués d'une nuit d'insomnie, nous nous endormions sur les escaliers ou sur le rebord de la citerne. C'est que les nuits étoilées du beau ciel de Naples avaient peu de rapport avec nos nuits de caserne, quand les puces, par milliers, nous avaient tourmentés. Vers le matin, le sommeil prenait le dessus, et nous nous endormions à peine qu'il fallait se lever.

Il fallait partir malgré la mauvaise humeur, car les punitions étaient rudes et pénibles, et mieux valait souffrir un moment que de passer ses nuits sur le lit de camp de la salle de police, où les puces et les punaises faisaient large curée.

Et le matin, quand nous cheminions, tambour en tête, vers notre place d'armes, nous réveillions sur notre passage, le long des rues, tous les lazzaroni qui dormaient sur la pierre. Puis nous pouvions contempler aussi les jeunes filles et les femmes qui entr'ouvraient les portes pour nous voir passer, et qui criaient à l'intérieur : « *Come sono matinali i Svizzeri.* »

Devant San-Francesco, les prisonniers, pendus par grappes aux barreaux des fenêtres de la prison, nous saluaient. De quart d'heure en quart d'heure le gardien passe, un fer à la main ; il fait résonner en cadence tous les barreaux afin de s'assurer de leur solidité.

En revenant de l'exercice, officiers et sous-officiers coudoyaient les ouvrières qui vont à l'ouvrage, ils leur envoyaient les plus gracieux sourires, mais les jeunes filles se détournaient en haussant les épaules. Je commençais à comprendre que nous n'étions pas précisément adorés ; le contraire était presque à supposer, car on avait eu un jour l'ingénieuse idée de pratiquer une mine sous la caserne pour la faire sauter, événement qui serait certainement arrivé sans l'imprudence des ouvriers, qui creusaient si fort. qu'un soldat, au cachot, entendant chaque soir le même bruit, avertit le factionnaire et fit découvrir ainsi une mine à laquelle il ne manquait plus que la mèche.

Quand j'avais un moment de liberté, j'aimais à sortir et à parcourir cette ville immense, j'aimais surtout les collines autour de la ville, le port, les rochers de Santa-Maria-Apparente, au milieu desquels croissent les cactus aux feuilles énormes, le figuier et les citronniers, couverts, en hiver, de feuilles, de fleurs et de fruits. Mes camarades avaient d'autres goûts; ils appelaient ces sorties des sorties sentimentales, et quand ils n'avaient pas d'argent ils ne sortaient pas; quand ils en avaient, alignés devant la porte, ils attendaient impatiemment que batte la sortie. Alors ils couraient dans les cantines qui entourent la ville; ils les avaient toutes baptisées de noms expressifs. Il y avait la cantine du *Capucin*, le *Chapeau coupé*, les *Lanciers*, où, par contre, on dansait la tarentelle, et bien d'autres encore, y compris la *Cave des jésuites*, où l'on buvait assis sur le phare de l'antique Naples.

L'antique Naples des Romains, à ce qu'assurait le cantinier, pour donner peut-être un mérite de plus à sa cave; mais, hélas! c'était peine perdue que de parler antiquité, art, mérite, poésie ou science, à des hommes nourris et habillés par l'Etat, qui touchent quatre sous tous les jours; surtout lorsqu'il faut, sur ces quatre sous, acheter fil, aiguilles, boutons, cirage, faire laver son linge et blanchir ses rebords de cols.

Distrait par la vue de tant de choses nouvelles, occupé par les travaux de la vie de soldat, par l'apprentissage du métier, les jours et les semaines passaient rapidement. Je commençais à savoir démonter par principes mon fusil, à remettre la dragonne de mon sabre telle que le voulaient l'ordonnance et le bon goût.

Quand nous revenions de l'exercice, vite je déposais au râtelier mon lourd fusil, et je courais dans la campagne ou dans les endroits pittoresques de la ville. J'aimais à passer, le soir, près du grand couvent des *Camaldules*, puis je montais jusqu'au pied du fort St-Elme. De là, je promenais mes yeux sur cette grande nappe d'eau, et j'admirais le soleil se couchant derrière les îles; les clameurs et le bruit de la ville immense montaient en bourdonnement confus jusqu'à moi. Puis, quand le Vésuve apparaissait devant la chaîne des monts calabrais comme un brasier ardent; quand, sous mes pieds, les roulements de la retraite battaient en cadence, alors je redescendais à la caserne. L'appel fait, chacun portait la main droite à sa coiffure, les tambours battaient, la musique jouait la prière, hymne qui s'adressait à tous les cœurs, à toutes les croyances.

Devant la porte du quartier, les officiers de semaine de toutes les compagnies fumaient nonchalamment leurs cigares *buon gusto*, le café traditionnel à côté d'eux. A la porte, le sergent de garde, son redoutable registre près de lui, nous observait à l'entrée les uns après les autres, inscrivant les hommes ivres en trois classes : légèrement, passablement et fortement. Les punitions encourues étaient de huit ou quinze jours ou d'un mois de salle de police, avec diversions d'exercices. Je ne pouvais m'empêcher de penser qu'avec un tarif aussi élevé, le roi ne pouvait reprocher à ses officiers de prendre leurs hommes par la douceur.

Je me faisais petit, afin d'éviter les punitions ; je me privais de vin et d'eau-de-vie. L'eau-de-vie faisait des ravages terribles. Les hommes adonnés à cette boisson s'éteignaient par centaines dans les hôpitaux. Les trois quarts des punitions étaient dues à l'eau-de-vie, et tous les conseils de guerre refusaient d'admettre l'ivresse comme circonstance atténuante. Combien j'en ai vu condamner de ces pauvres jeunes gens! Des fautes légères, en apparence, prenaient un caractère de haute gravité au conseil de guerre. Chaque semaine on donnait les bâtons, et une fois tous les mois on condamnait aux présides et aux fers un ou deux collègues. Je me souviens de la condamnation d'Ulrich le Bâlois. Il avait donné à un sergent quelques coups d'un mauvais couteau. Le Conseil suprême fut inflexible. Je vois encore la belle figure pâle du condamné, au milieu des hommes de garde, son bonnet de police à la main, répondre au capitaine grand-juge « qu'il n'a rien à objecter à sa condamnation. » Je vois celui-ci briser une baguette d'ébène dont il lui lance aux pieds les morceaux, et lui crier : *Ulrich, vous devez mourir ; c'est aussi sûr comme je suis sûr de casser cette baguette devant vos yeux; que Dieu vous soit en aide.*

L'aumônier qui accompagnait Ulrich pleurait comme un enfant, le régiment était ému. Ulrich n'avait pas raison, mais le tuer était une infamie; tout le monde pensait comme moi, et cependant tel est le pouvoir de la discipline, que pas un soldat ne prononça une parole de blâme; et quand retentirent les six coups de fusil et que nous vîmes notre camarade chanceler, tomber et se débattre mourant, alors un soupir de rage impuissante s'échappa de nos poitrines pour maudire à tout jamais le vil métier de soldat, qui engendre la guerre et ses horreurs.

Ah! si les pauvres mères qui élèvent leurs enfants avec tant de soin et d'amour, les voyaient souffrir, tombant sur le bord des routes, périr misérablement dans les hôpitaux, sans qu'une douce parole les encourage, ou que les soins d'un ami leur ferment les yeux ; si ces pauvres mères voyaient leurs enfants soignés par des galériens, leurs pauvres corps amaigris découpés au profit de la science ; si elles voyaient tout cela, elles deviendraient folles. Mais les parents et les amis étaient à quatre cents lieues de nos misères, et les cris de détresse ne parvenaient pas jusqu'à eux ; notre seule consolation était que « nous l'avions mérité. »

CHAPITRE III

J'avais souvent entendu parler du *Campo santo*, cette vaste cour, qui compte 365 fosses profondes, dont une béante s'ouvre chaque jour pour recevoir son tribut de cadavres.

Le chemin qui y conduit est garni de cantines et de tonnelles, où nous venions, l'été, boire le gros vin rouge cuit. C'était par une belle soirée d'automne: on voyait, dans le lointain, la grande ville à travers les *pins-parasols* et les platanes, dont les feuilles jaunes jonchaient déjà les chemins.

En entrant dans la cour, je vis la fosse ouverte, attendant sa proie; un gros tas des morts de la journée à côté. Un peu en dehors était étendu un pauvre petit être d'un an à peine, habillé comme un poupon; sa petite tête mignonne était entourée de fleurs; dans les bras, il en avait une guirlande. Tout près de lui, trois petits enfants du peuple pleuraient et criaient *mama mia*, expression favorite des Napolitains.

Entre les dalles mal jointes couraient par centaines de gros scarabées rougeâtres; il y en avait jusque dans les fleurs du petit mort.

Au fond de la cour, près d'une fosse réservée, était le cadavre d'une jeune femme assassinée. Elle n'avait pas reçu les sacrements de l'Eglise; aussi les fossoyeurs, qui enlèvent à tous les cadavres les vêtements qui ont quelque valeur, ne touchaient-ils pas, par superstition, aux habits élégants de l'infortunée. Pauvre pays ! pauvres gens ! que les préjugés d'un autre siècle ont rendus presque sauvages !

En quittant ce séjour de désolation, je fis le tour par l'ancienne route de Capoue, et je passai près du *Campo santo* des riches, de ceux qui peuvent acheter une place, un mausolée, une tombe enfin. Dans les cyprès et les ifs, chantaient encore les rouges-gorges et les roitelets. Ils trouvaient en abondance, bien avant dans la saison, le petit fruit qui mûrit dans les cimetières d'Italie et qu'on nomme le *fruit des morts*.

L'automne, à Naples, est la saison des pluies. Avec la pluie, les fièvres, et les étrangers leur paient presque tous leur tribut. Or, un beau jour, il me fut impossible de suivre mes camarades à l'exercice du matin, et je dus me porter malade. Le docteur Kaufmann, un ancien ouvrier cordonnier, qui guérissait quelquefois ses malades, m'envoya à l'hôpital de la Trinita.

En quittant la caserne, un regret poignant me prit : j'aimais ces hautes voûtes où résonnaient les commandements ; j'aimais à voir ces canons bien propres, devant lesquels le factionnaire se promenait, sabre au poing ; sous les caissons couraient les pintades du cantinier. Dans le coin, l'armurier du bataillon limait ses bois de fusils ; je le vois aussi parler au colonel, son bonnet rouge à la main.

La fièvre emportait beaucoup de jeunes gens ; trois jours, il n'en fallait pas davantage.

En arrivant à l'hôpital, je dis un adieu mental à tous les bons camarades du régiment. Je ne pus m'empêcher de les remercier de tous ces petits conseils et avis qui allégent la croix. On me fit poser mes effets, qui furent jetés dans une case pourvue d'un numéro qui correspondait à celui que je prenais en entrant à l'hôpital : puis, vêtu d'un pantalon blanc, d'une capote en toile blanche, et couvert d'un grand manteau de dragon en laine blanche, je pris place dans une petite chambre, en compagnie de trois autres fiévreux, dont un mourut la nuit même. C'était un Calabrais, dévot comme ils le sont tous. Dans son agonie, des noms de saints s'échappaient de sa bouche. Par moments, il appelait sa mère, puis il expira. Le lendemain matin, quand les galériens vinrent balayer la chambrée, l'un d'eux, jeune homme de dix-sept ans, s'approchant du lit, dit à son camarade : Tiens, encore un ; voilà un lit qui n'a pas de chance ; c'est le quatrième que j'emporte. » Puis, glissant la main entre le traversin et le matelas, il retira quelques pièces de cinq sous, seule fortune du mort, disant en riant à son camarade : « C'est pour la madone.» J'eus longtemps le délire; je voyais, dans des rêves affreux, passer devant mes yeux les grandes fosses du *Campo santo;* je voyais tous ces corps nus, à moitié mutilés par les docteurs de la science, et les fossoyeurs, avec leur grand crochet, les lançaient dans le gouffre.

Les docteurs n'étaient pour rien à ma guérison. Je pus m'asseoir dans mon lit, regarder de là, pendant la nuit, le Vésuve, en face de nous, qui lançait ses feux retombant en gerbes sur ses flancs. On entendait, dans la ville, les guitares et la mandoline des amoureux, qui chantaient sous les fenêtres des brunes du quartier. Plus tard, je pus me lever et me promener sous les acacias de la cour, ou monter sur les terrasses de l'hôpital, où se tenaient accoudés, sur les murs, de pauvres poitrinaires. Il aurait fallu à ces pauvres gens un vin généreux, quelques mets succulents; mais, hélas! quand venait le samedi, chacun se préparait, car on avait, ce jour-là, la *soupe aux chiens*, soit une gamelle d'eau bouillante dans laquelle nageaient quelques croûtons de pain, et nous étions arrivés à les compter.

Combien j'en vis mourir de ces jeunes gens minés par le chagrin et la nostalgie! Ils se promenaient à pas lents sur les toits plats de l'hôpital et regardaient, avec leurs grands yeux mélancoliques, les paquebots qui allaient au loin vers la patrie, traçant dans la mer un long sillage et laissant dans le ciel de longues spirales de fumée noire. Les paquebots disparaissaient à l'horizon dans les brumes du soir, et il nous semblait à tous perdre la patrie encore une fois.

Souvent, en passant leur visite journalière, les docteurs trouvaient quelque pauvre enfant, froid et raide, endormi du sommeil éternel. Sans doute mort, dans le cœur, avec la pensée de cette patrie si chère que regrettent tous les Suisses à l'étranger. Les galériens de l'hôpital arrivaient alors avec leur grande caisse et, sans précaution aucune, jetaient ce pauvre corps amaigri dans la salle des morts, où les docteurs et les carabins, manches retroussées, se livraient à toutes les expériences de leur métier.

Les journées étaient bien longues; nous les occupions à jouer au loto, à aligner des pierres rouges sur les cartons, et un camarade criait : *8, feu à la poêle ; 28, numéro du ménage ; 13, jour sans prêt ; 33, misère en Prusse,* etc ; ou bien encore on écoutait des histoires impossibles contées par les érudits qui avaient échappé aux maladies contagieuses occasionnées par l'air vicié de l'hôpital et aux saignées de nos docteurs. Un beau matin, après m'avoir consciencieusement examiné, le docteur me trouva en assez *mauvais* état pour pouvoir quitter l'hôpital et me fit donner un billet de sortie.

Avec quelle joie j'endossai le pantalon de toile et la capote bleue, dans laquelle on aurait aisément introduit deux personnages comme moi ; j'avais l'air d'un de ces fantômes qu'on place dans les blés à l'époque des moissons.

En rentrant au régiment, je serrai la main bien fort à tous mes camarades. Tel est l'égoïsme du soldat : tous m'avaient déjà presque oublié.

L'hiver approchait à grands pas, non l'hiver de glace et de neige, tel qu'on le voit chez nous, mais les journées brumeuses, les brouillards couvrant la plaine au-dessus de laquelle planent les troupes d'oies, de canards et de sarcelles qui viennent du Nord.

Les habitants des côtes de Baïa tendent de longs filets qui vont, à fleur d'eau, jusqu'aux îles de Pons, de Nisida et d'Ischia; ils les retirent le matin, remplis de grosses cailles qui voltigent par milliers au-dessus des vagues.

Les *aquaioli* ont disparu, seuls les lazzaroni courent toujours pieds nus, vêtus d'habits impossibles, sur les dalles de la rue.

Noël ou Natale est la fête nationale des Napolitains. Ce

jour-là, tout le monde est en fête; les chapons arrivent par troupeaux de la campagne, les *fogliatelle* garnissent les étalages des confiseurs et le *rosolio* coule à flots. Dans les rues, la canonnade commence en grondements lointains, puis s'approche; les pétards sautent entre les jambes des passants. Les madones, au coin des rues, sont illuminées *a giorno*, et le soir on entend les musiques, les fanfares et les tambourins autour des saints illuminés. Les églises, aux hautes tentures de velours et de soie, offrent un coup d'œil féerique.

Et puis il y a encore ces braves *pifferari* que là-bas on appelait *zampognari*. La veille de Noël, ils arrivent par milliers de Calabre et jouent sans relâche devant toutes les images de saints.

A l'intérieur de la caserne, le silence le plus complet contrastait avec la vie et la joie du dehors. On entendait les ris joyeux du peuple, on voyait les feux d'artifice, dépassant les plus hauts monuments, inonder, de rayons bleus ou rouges, toute la ville. Cette joie nous rendait tristes, car elle nous rappelait mille souvenirs d'enfance.

Le nouvel an et ses fêtes passèrent; le printemps commence vite à Naples. Au mois de février, les bouquetières ont déjà repris leurs places en Tolède; les violettes de Parme s'épanouissent partout. Quand le soleil se montre un peu chaud, la cigale commence timidement son chant strident. En été, ce chant devient insupportable, il assourdit complètement le voyageur.

Depuis longtemps j'étais passé au bataillon, c'est-à-dire que j'avais appris à me balancer sur la partie droite du corps en maniant une énorme trique : c'était l'escrime à la baïonnette ; puis je connaissais assez le maniement du fusil pour ne pas crever l'œil du camarade placé devant ou derrière moi.

J'étais tout fier de pouvoir monter ma garde, faire faction sur les batteries du Môle ou de la Darsène, veiller devant les bagnes, le fusil chargé. Et quand, la nuit, nous allions faire nos deux heures de faction, alors les soldats, qui ne pensent à rien, comptent les pas qu'ils ont faits pendant deux heures; d'autres, comme moi, par exemple, écoutaient avec bonheur ces mille bruits de la nuit, ce tintement des horloges de la ville, qui se répondaient par milliers les unes aux autres; le sifflet, comme un chant d'oiseau, des officiers de marine qui appareillaient pour partir.

Le printemps est bien court à Naples. L'été et ses chaleurs atroces arriva. Le service devint pénible, la cire fondait sur nos fournimenls, le petit pain que nous avions tous les deux jours séchait sur nos planches, dévoré par de petites fourmis noires. Les scorpions venaient chercher un endroit frais jusque dans nos chambrées, on en prenait même souvent dans nos effets. La viande avait presque toujours mauvais goût. Et puis, la garde-robe du soldat est peu volumineuse, quand on est mouillé on voudrait se changer, il faut attendre. Mes pauvres trois sous disparaissaient en eau à la glace.

Pendant les mois de juin, juillet, août et une partie de septembre, il ne plut pas seulement vingt-quatre heures. Chaque matin le soleil se levait radieux, aucun nuage n'obscurcissait le ciel. Autour de la ville, les jardiniers faisaient tourner leurs ânes, du matin au soir, aux puiserandes. La route de Poggio Reale était couverte d'un pied de poussière. Quand le régiment sortait et que ces centaines d'hommes avaient piétiné, avec les chevaux de l'artillerie ou de la cavalerie, cette poussière mouvante, alors on n'y voyait pas à dix pas devant soi, et l'on rêvait à nos routes ombreuses, à nos montagnes boisées d'où partout l'eau sort rapide, répandant la fraîcheur. Et, sur notre pauvre solde, il nous fallait payer cet accessoire des pays chauds, l'eau. Les vieux soldats nous disaient bien : « Ça n'est rien ça, quand nous serons en Sicile ça sera bien autre chose. » C'est en effet la manie, chez l'homme, de toujours exagérer ce que le prochain n'a pas vu.

Une année s'était écoulée depuis mon arrivée au régiment ; j'avais peu à peu pris mon parti ; l'année suivante, le régiment partait pour la Sicile, nous nous en faisions une fête. Je me réjouissais de voir cette terre tant vantée ; on passait, disaient les vieux soldats, devant le Stromboli, ce volcan qui relie, au milieu des mers, l'Etna au Vésuve ; c'était, à leur dire, un spectacle grandiose que de voir ces îles sortant des flots leurs têtes en feu.

Le mois d'août de cette année fut particulièrement chaud ; le soir, nous allions sur la grève, aux Granili. Les Granili sont, comme l'indique leur nom, un grenier bâti par Napoléon Ier pour emmagasiner les blés qui arrivent par mer. Ce vaste bâtiment, sur les terrasses duquel un général français avait passé, au dire des Napolitains, dix mille hommes en revue, pouvait contenir les blés de tout le royaume. Nous venions souvent nous promener de ces côtés. C'est là qu'est le pont de la Madeleine, avec ses statues qui semblent regarder le Vésuve et lui demander grâce pour la ville. Nous allions prendre les bains de mer vingt, trente à la fois; nous ramassions, sur le sable, ces coquillages aux formes et aux couleurs si diverses. Souvent un camarade, qui allait trop en avant dans la mer, revenait effrayé : c'est qu'il avait vu un de ces gros poissons que les pêcheurs appellent *pesce cane*, qui tournent avec bruit dans l'eau. Ils ont jusqu'à dix pieds de long et s'approchent des côtes quand le temps est à l'orage.

L'automne, cette saison délicieuse en ces climats, revint avec son cortége de plaisirs. On nous conduisait alors au Champ de Mars avec la garnison de la ville. Il y avait les trois régiments suisses, les bataillons de chasseurs, la cavalerie, dont les trois quarts au moins étaient encore armés de l'antique fusil à pierre. Il y avait la garde royale, dont les panaches blancs, les grands favoris noirs, les pantalons rouges et les tambours accompagnés de fifres faisaient un effet magique. Alors, au commandement du vieux général Lanza, ou de Pignatelli, toutes ces troupes se mettaient en mouvement dans les hautes herbes du Champ de Mars, décrivant des cercles à perte de vue, se déployant en bataille, se repliant, formant des colonnes d'attaque; puis l'artillerie, dont les chevaux écumaient, passait comme le vent devant nous, traçant de larges sillons dans les bruyères. Nous appelions ces manœuvres *tirer de l'eau*. Vers le soir, les régiments regagnaient leurs casernes dans toutes les directions; le deuxième rentrait dans son grand couvent sombre, la musique jouait le défilé; chacun s'endormait fatigué, harassé.

Telle était la vie monotone que nous menions à Naples.

Quand venait la nuit, cette belle nuit étoilée

Les journaux de la patrie étaient rares, ceux du pays ne nous renseignaient guère. Nous apprîmes par les bourgeois que le fils du roi Ferdinand II allait épouser une princesse bavaroise, Sophie-Amalie, dont on voyait depuis longtemps le beau portrait dans les vitrines d'un marchand de tableaux, à Monte Oliveto, près de la poste aux lettres.

Cette nouvelle nous réjouit tous, car chaque événement extraordinaire semblait devoir amener quelque changement dans notre monotone position. Les bruits les plus contradictoires circulaient: tantôt nous devions aller dans l'Adriatique recevoir le prince et son épouse, tantôt le régiment qui était à Palerme devait revenir pour assister aux fêtes. Au mois de janvier 1859, Sophie-Amalie, fille du roi de Bavière, débarqua à Manfredonia et fit incognito son entrée à Naples. Le mariage avait été fait sans bruit, au grand mécontentement de tous. Pour nous, notre départ pour la Sicile, fixé au 1er mai, nous tenait beaucoup plus à cœur. Aussi, vers le mois d'avril, toutes nos dispositions étaient prises. On emmagasinait les fusils dans de grandes caisses couvertes de paille; on faisait des économies, afin de débarquer avec quelques grosses pièces de cuivre.

Notre ordre de départ n'arrivait pas; en revanche, nous apprîmes que le roi Ferdinand était gravement malade. Le printemps s'annonça encore plus splendide que l'année précédente. La guerre d'Italie avait enthousiasmé toute la population. Du matin au soir, devant les marchands d'images, la foule encombrait la rue, admirant les bersaglieri sardes et les troupiers français en lutte avec des Autrichiens aux tuniques de flanelle. La police fut obligée de faire défendre l'exposition de ces lithographies, sous prétexte d'ordre public. Dans le port de Naples, faisaient station des navires de toutes les puissances maritimes du monde. Il y avait la *Wabash*, belle frégate américaine ; cinq ou six vaisseaux de ligne anglais; l'*Orénoque*, aux couleurs de la France; l'*Azof*, venant de la Baltique. Les rues étaient garnies de matelots étrangers qui couraient bras dessus, bras dessous, avec les Suisses, dans les boutiques d'eau-de-vie du port.

Quand les premières rencontres eurent lieu avec les Autrichiens, les consuls de France et d'Italie illuminèrent leurs croisées. La foule accourait, faisant retentir la ville entière de ses acclamations frénétiques.

Le 22 mai 1859, à deux heures du matin, j'entends battre le tambour de garde *aux fourriers*. J'en faisais les fonctions. Je me lève immédiatement; mon livre d'ordre sous le bras j'attends devant la chambre du secrétariat l'explication de cette batterie inusitée dans les annales du régiment. « Messieurs, nous crie l'adjudant, le roi est mort ; son fils, François II, le remplace; voici l'ordre du jour. » Je ne sais pourquoi, d'un côté, le voyage en Sicile me parut bien compromis; de l'autre, je ne sus que me réjouir de cette mort, qui allait amener quelque changement dans notre triste existence.

Ferdinand II, disait l'ordre du jour, est mort en priant Dieu pour cette noble et illustre armée de terre et de mer, dont les preuves innombrables de vaillance restaient marquées pour la postérité.

En ce qui me concerne, je n'avais jamais entendu, à part l'incident du *Cagliari*, parler de l'armée de mer, dont tous les exploits se réduisaient à la capture de quelques barques de contrebandiers. Quant à l'armée de terre, pendant deux ans je n'avais assisté qu'aux grandes manœuvres du Champ de Mars, à quelques promenades militaires dans les environs, et à bien des processions, où nous ne brillions qu'à l'aide de nos habits rouge écarlate.

L'ordre annonçait que nous prêterions serment, le jour même, au nouveau souverain, sur la place du Château. En effet, à neuf heures, les vaillantes troupes de terre et de mer prêtaient serment au nouveau roi.

Ce fut d'abord le tour de la garde royale, qui défila devant nous en criant: « Vive François II. » Je vois encore leurs panaches blancs, que le vent emporte en arrière, leurs longs favoris mêlés aux poils de leurs grands bonnets noirs; leur drapeau blanc, aux fleurs de lis, se déroulant dans les airs, et leur colonel, élevant par trois fois son épée, en criant. « *Evviva Francesco nostro re.* » Lorsqu'arriva notre tour, officiers et sous-officiers crièrent bien fort : « Vive le roi. » Quant à nous, simples soldats, nous fûmes froids et impassibles.

Pendant trois jours les canons des forts, de quart d'heure en quart d'heure, tiraient leurs salves de deuil. Les mâts des bâtiments inclinés en berne, les églises tendues de noir, les officiers de l'armée un crêpe autour du sabre ; enfin partout un deuil factice, et la guerre continuait dans la haute Italie.

L'enterrement du roi fut un événement dans cette bonne ville de Naples. Pendant trois jours et trois nuits, de tous les points du royaume arrivaient les régiments de ligne, les chasseurs, les muletiers, hussards, dragons. Des troupes qu'on n'avait jamais vues débarquaient dans la Darsène. C'étaient des régiments aux cols bleus, orangés ou verts, qui venaient de Calabre et de Sicile. Des tambours et des sapeurs portaient encore sur leur uniforme les armoiries de Sicile, une tête et trois jambes. Puis des régiments entiers de cavalerie sur leurs rapides chevaux noirs. Tout cela traversait les rues de la ville, campait sur les places publiques. Les chevaux étaient attachés aux piquets fichés en terre. Le soir, la retraite sonnait partout ; on voyait courir dans les rues les dragons aux éperons sonnants, les chasseurs aux guêtres de coutil, la ligne aux pantalons rouges. Naples semblait une ville envahie.

Ce fut bien autre chose quand toutes ces troupes, alignées dans les rues de Tolède, exécutèrent par trois fois les salves des morts, pendant que passait le cortége funèbre, composé des voitures royales, des bouffons du roi. Tout se suivait : ses chiens favoris, ses chevaux de selle, ses généraux. C'était un spectacle inouï, incroyable. Puis nous rentrâmes tous dans nos casernes et reprimes notre vie habituelle ; notre départ pour la Sicile était ajourné, on n'en parlait plus.

De longues semaines s'écoulèrent ; les vaisseaux étrangers qui garnissaient le golfe, partaient les uns après les autres. Il ne resta plus dans le port que la *Wabash*, frégate américaine de septante-deux canons. C'est sur ce bâtiment que nous aimions à nous réunir quelquefois. L'équipage, composé moitié d'étrangers, moitié d'Américains, parmi lesquels beaucoup de nègres, était des plus affables. Quand la sortie avait battu, vite on descendait les petites rues qui mènent au port ; les chaloupes de la

Wabash nous conduisaient sur la frégate, et là nous passions nos soirées à admirer les pièces de canon qui tournent sur leurs affûts, munies chacune, dans l'entrepont, d'une grande bougie. Entre chaque pièce est déposé le Nouveau Testament, ainsi que la liturgie américaine. A un signal donné, tous les hamacs se descendaient, et tout le monde mangeait les appétissants puddings au rhum, le thé, comme en famille, et les officiers, les cadets, les midshipmen, passaient devant les groupes en riant de leur bon appétit.

Ces quelques rares aperçus de la hiérarchie étrangère nous faisaient envisager avec douleur notre sort. Nos nombreux collègues garnissaient les bagnes, où on les occupait à déplacer les énormes pièces de bois pour la marine; tout cela, dans ces moments, nous passait devant les yeux.

On ne parlait plus de la Sicile, mais quelques cas isolés de choléra se manifestaient dans les casernes. J'avais une telle peur de l'hôpital, que je n'osais visiter mes collègues qui y allaient faire de temps à autre un stage. Les uns en revenaient, les autres n'en revenaient pas.

Le nouveau roi se montrait peu, il semblait ne pas régner à Naples. La reine avait souvent visité les casernes, toute seule, accompagnée seulement par deux beaux chiens danois, qui couraient devant sa voiture.

Les événements d'Italie avaient eu leur contre-coup à Naples. Les recrues ne pouvaient plus traverser la Lombardie, aussi les transports devenaient de plus en plus rares. Des frontières de Suisse, elles passaient par l'Autriche, venaient s'embarquer à Venise ou à Trieste, et, après un voyage de trois mois, nous arrivaient, par mer, dans un état pitoyable, après avoir fait le tour de l'Italie. Ces transports ressemblaient aux conscrits napolitains qui arrivent au mois de janvier. Les gendarmes les accompagnent ; on voit les Calabrais avec leurs petits chapeaux pointus, ceux de la Terre de Labour avec leurs bonnets phrygiens, au fond desquels ils cachent leur argent. Tous sont vêtus de petites vestes, de culottes et de sandales. Les compagnies s'affaiblissaient à vue d'œil, puis le bruit courait que la Suisse allait prendre des mesures sérieuses pour empêcher les enrôlements aux frontières.

Les capitulations conclues par le gouvernement napolitain avec divers cantons allaient être périmées sans chance d'être renouvelées ; celle de Berne était terminée. Les soldats savaient tout cela, et les commentaires allaient bon train. Il y en avait même qui avaient vu un officier fédéral avec le brassard et la croix blanche. Tel est le soldat : à force de porter l'uniforme, il ne peut s'imaginer que les choses puissent se traiter autrement que militairement et en uniforme.

Le 7 juillet 1859 fut un jour mémorable pour la ville de Naples. Ce jour, chose inouïe, rappela les épisodes du 15 mai 1848, alors que les magasins de la ville entière se fermèrent en dix minutes. Déjà le matin du 7 juillet, des soldats de corvée, qui allaient à la Manutention chercher le pain, avaient entendu se plaindre ceux du quatrième régiment, qui se lamentaient de ce que leur colonel avait fait enlever l'ours de Berne de leur drapeau et l'avait fait remplacer par les fleurs de lis napolitaines. On avait été boire l'eau puante de Santa Lucia, dont la source est presque sous la Manutention, puis on s'était promené en parlant de la patrie, des amis, de nos vengeances, de nos haines et de nos espérances. On s'était serré la main en se promettant aide et secours.

La journée se passa tranquille; vers le soir, le temps s'assombrit. L'appel était terminé, chacun remontait à pas lents dans sa chambrée, emportant, dans son bonnet de police, un morceau de pain, une gousse d'ail ou un peu d'oignon, pour le repas du soir. Dans le lointain, une clameur, comme un bruit vague et confus, venait jusqu'à nous. Nous pensions : c'est une procession devant laquelle se prosternent les gens du peuple. On entendait les tambours de la porte Capoue rappeler la garde.

J'étais au balcon de la chambre du sergent-major; dans la demi-obscurité des voûtes, je vois courir la garde, j'entends des coups de fusil : l'éclair brille, un homme tombe lourdement en avant, renversant dans sa chute huit ou dix faisceaux de fusils des hommes de piquet. Puis les coups de feu se succèdent sans interruption. La grande porte se ferme, j'entends le double tour de la clé grincer dans la serrure rouillée, qu'un coup de fusil du dehors fait sauter en éclats.

Dans les chambrées, pareilles à de grandes fourmilières dispersées par les pieds d'un passant, courent les soldats ; les sergents crient « aux armes; » chacun se dispute au râtelier pour prendre son fusil. Les hommes courent dans les escaliers, tombent, se renversent et arrivent dans la cour. Instinctivement on se cache derrière les colonnes. Le cantinier a disparu. Depuis la galerie qui conduit de la première à la seconde compagnie, je jette un coup d'œil à 30 pieds au-dessous de moi. Par-dessus des cadavres courent les voltigeurs et les grenadiers de notre régiment; le sergent de garde, un vieux gueux, un de ceux qui avaient fusillé Ulrich, est étendu la face contre terre, une balle lui a traversé la tête, enlevant l'impériale de son képi.

La nuit était tout à fait descendue, et le désordre était à son comble. Je vois encore deux jeunes gens sortir, de la chambre de piquet, nos deux antiques drapeaux en mains. Alors seulement je compris tout; mais combien ne comprenaient pas et déchargeaient leurs fusils dans les groupes, sans savoir pourquoi. En dehors du quartier, l'effroi était à son comble; les boutiques se fermaient, les gens barricadaient leurs portes et les *lazzaroni* couraient les rues en criant: «Les Suisses se massacrent.» Les femmes se signaient et se jetaient aux pieds de la madone du Carmine ; les souvenirs du 15 mai étaient encore vivants dans leur mémoire.

Dans le quartier, la fusillade continuait, redoublant d'intensité; les grands morceaux de parchemin qui enveloppent les cartouches couvraient les dalles de la cour, on ne se donnait plus la peine de déplier les paquets, on passait la ficelle dans la baïonnette, qui la faisait sauter en quatre morceaux; on chargeait son fusil, on enfilait, au risque de le faire sauter, quatre, cinq, jusqu'à six cartouches dans le canon, et on bourrait. Souvent la baguette, décrivant mille spirales, allait s'enfoncer en tire-bouchon dans les marches de la voûte. Les soldats criaient « vive la Suisse! vive le roi ! » les officiers cherchaient à les calmer. Ceux de notre compagnie, les lieutenants de Rämy et les frères de Reynold, faisaient bravement leur devoir et cherchaient à faire placer et organiser la compagnie. Peine perdue, les hommes sortaient des rangs et se mêlaient à ceux du Carmine, qui emportaient les drapeaux. Enfin, toute la gauche de la compagnie suit la masse, et au bout d'un instant nous nous trouvons dans les petites rues qui conduisent à S. Giovanni del Carbonaro, caserne du troisième régiment. Là, même scène; les portes sont fermées, on escalade les murs, on se pousse, on tombe et on se relève, courant sous les coups de feu dans la grande cour. Enfin, là encore, on enlève les deux drapeaux, le tambour bat la charge, et la troupe, suivie de quelques hommes du troisième régiment, monte au pas de charge la rue Foria, passant devant le Musée Bourbon ou maison Rouge. Les sentinelles du Musée s'effacent derrière leurs hautes guérites, la garde reste muette sous les armes. La rampe de S.-Pelite est bientôt escaladée, et c'est là que la lutte devient acharnée. Les lourdes portes sont fermées; quelques coups de fusil retentissent; on vient de tuer un officier et un tambour. L'officier de garde, jeune homme de dix-huit ans, se défend en brave; un coup de fusil le cloue contre un mur; le tambour tombe percé de coups de baïonnette. La générale battait partout. Des fenêtres de la caserne du quatrième régiment, un feu régulier accueille ceux qui veulent entrer. Là encore, les drapeaux sont pris, repris, enfin emportés par les nôtres. Roshengarde, le tambour-maître, est à la tête de ses tambours, il leur fait battre la marche suisse, alors on crie: *Hurrah! hurrah! car voici les soldats du Jura, hurrah!* Près de moi, un caporal de voltigeurs tombe; il a les reins

Alors les tambours battent la marche Suisse et les hommes crient « Tremblez! Tremblez! car voici les soldats du Jura. Hurrah? »

brisés par une balle; il ne peut se relever, mais se traîne, cherchant à nous suivre. J'entendis longtemps son cri d'appel qui se perdit dans le lointain. Il fut achevé par les soldats du quatrième régiment, qui sortirent de la caserne et déchargèrent leurs fusils sur nos derniers rangs.

Il était dix heures du soir; la ville entière était silencieuse. Dans le port, les vapeurs chauffaient, se préparant à toute éventualité. On croyait, dans les sphères gouvernementales, à un soulèvement général. Les courriers à cheval partaient dans toutes les directions. Les artilleurs bridaient les chevaux et préparaient leurs canons. Notre troupe, forte de neuf cents à mille hommes, prit le chemin du Capo di Monte, séjour et résidence de François II. Les premiers rangs, mélange confus de toutes les armes de l'armée suisse, étaient commandés par des caporaux et quelques sergents. Il y avait des sapeurs, avec leurs grands tabliers blancs et leurs bonnets noirs, des voltigeurs, des grenadiers aux épaulettes blanches, des clairons en veste blanche et galons jaunes au col. Tout cela marchait pas redoublé et s'arrêta devant les hautes grilles du palais. Les flambeaux illuminant les guirlandes de glycines et de jasmin fleuris qui grimpent aux ornements en fonte des grilles; le palais, dans le fond, subitement éclairé par les laquais et les serviteurs de la cour; et, dans l'ombre, des rangs épais de soldats, le fusil encore tout chaud sur l'épaule, tout cela me revient comme un rêve.

De rang en rang circule le bruit que le roi avait refusé d'admettre les réclamations de notre troupe, leur faisant entendre qu'ils avaient à rentrer dans leurs casernes, et que, plus tard, il serait fait droit à leurs réclamations si elles étaient légitimes. Cette réponse ne fit que courroucer davantage, et nous nous mîmes à crier : *Non, justice, justice! au Champ de Mars!* Une demi-heure après nous étions dans les hautes herbes du Champ de Mars, où nous avions si souvent manœuvré des journées entières.

Le ciel s'était éclairci. Des milliers d'étoiles brillaient au firmament. La voie lactée, pareille à un fleuve dans le ciel, apparaissait dans tout son éclat. Alors la réflexion vint avec le repos, et je me demandai comment tout cela allait se terminer. Je me pris à penser à ces soldats tués, à cette révolte contre une discipline de fer, ces drapeaux enlevés, et il me sembla voir l'armée entière crier vengeance. La lune éclairait cette vaste plaine entourée de bois; on entendait dans les taillis de petites hulottes blanches, qu'on rencontre dans toute l'Italie; elles voltigeaient presque à ras des faisceaux que nous venions de former. Chacun débouclait son sac et s'étendait dans l'herbe toute humide de rosée. Au bord de la route, nous étions venus souvent dans la cantine du Polichinelle, contre les murs de laquelle étaient peints maints épisodes de la vie de *Polichinelle*, le personnage *obligé* de toutes les pièces napolitaines. C'est dans cette cantine que couraient, depuis notre bivouac, les soldats, criant et réclamant à boire, déclarant que le roi paiera tout et paiera bien.

En vrai Napolitain, l'hôte se recommandait à tous les saints et ne voulait pas donner à crédit. Un feu de peloton l'étendit raide mort. Quand j'appris cette nouvelle, l'issue

de la lutte ne me parut pas douteuse. Pourquoi avoir taché
cette glorieuse révolte de cet acte révoltant? Ceux qui
l'ont commis auront sans doute payé les premiers. Quand les
ivrognes eurent assez bu, ils revinrent près de nous et
s'étendirent tout de leur long, la tête sur le sac, et le silence régna peu à peu sur le Champ de Mars ; seuls les
factionnaires se promenaient à pas lents. Sous les arbres
de la route, on apercevait des masses noires, confuses,
s'approcher et s'étendre en ruban silencieux. Etait-ce un
mirage? Etait-ce une réalité? Il me sembla que le cri des
cigales avait cessé.

Pendant la période qui précède l'insomnie, mille idées,
mille images confuses défilaient devant mes yeux.

Tour à tour passaient devant moi les tableaux de
la vie paisible de nos pays; puis, quand je songeais au
mal qui était fait, j'éprouvais comme une secousse qui
m'empêchait de dormir. A droite et à gauche, les camarades dormaient du sommeil de gens peu préoccupés de
l'avenir, et la lune montait silencieuse au ciel, inondant
de ses rayons, dans le lointain, les maisons du village de
Secondigliano et la cantine où reposait, étendu à terre, le
pauvre cantinier, tué en défendant sa propriété. Les gril-
lons chantaient à voix pleine et je voyais toujours s'avancer
dans le lointain, le long des bois, cette masse noire et silencieuse. Je m'endormis.

Il était deux heures et demie ou trois heures du matin
quand les tambours me réveillèrent, battant la diane.
Transis par l'abondante rosée qui supplée à la pluie dans
ces climats, nous nous levons tous, le corps tout humide,
et passant la main sur le front pour éclaircir nos idées.

Le Champ de Mars, dans toute son étendue, est occupé par la troupe. En face de nous, près de l'octroi, on reconnaît les chevaux des officiers supérieurs du quatrième régiment. La section d'artillerie, pièces en batterie, est un peu plus loin. A notre droite, le treizième bataillon de chasseurs se déploie en ligne comme un grand serpent; puis des cavaliers, des ordonnances, et le onzième de ligne napolitain. Chacun boucle son sac sur les épaules, essuie son fusil qu'a mouillé la rosée de la nuit. On se cherche, on se serre la main. Près de moi, Bérard, dit Goulu, chante à gorge déployée; en m'apercevant, il m'embrasse et crie : « Voilà le grand jour. » Il continua à chanter : « Mon arrêt descend du ciel, etc. »

Le soleil se lève derrière l'Apennin, la rosée s'évapore lentement, et les vapeurs montent vers le ciel. Aucun souffle de brise ne se fait sentir.

Dans les premiers rangs, un mouvement inusité nous apprend qu'il s'y passe quelque chose. On nous somme de nous rendre, nous sommes cernés; les Allemands crient : *Liber sterben.*

Alors un coup de canon ébranle l'air, la fumée de la poudre monte en spirale. On se serre les uns contre les autres, les fusils sont chargés en moins de temps qu'il n'en faut pour le dire. Un silence solennel plane. Dans le lointain arrive, entouré d'un état-major, notre brigadier, le général Riedmatten. Il donne des ordres; le feu commence, les pièces d'artillerie tonnent, la mitraille passe, enlevant des blocs de terre et de bruyère qui tombent en pluie dans nos rangs. On dirait, à ce fracas épouvantable, voir passer un escadron de lourds cavaliers. A droite et à

Et la terre et les bruyères soulevées par la mitraille retombaient en pluie sur nous.

gauche la fusillade commence. Quant à nous, nous n'entendions plus rien ; serrés dos à dos, de nos rangs les coups partent précipités. Deux cents des nôtres se détachent et courent sur les canons; chaque coup de mitraille les renverse ; la terre est couverte de cadavres; les coups de feu se ralentissent, on s'emprunte des cartouches. Nos six paquets entamés la veille tirent à la fin ; la poudre manque, le feu des pièces redouble. On se regardait les uns les autres, le dénouement approchait. Mon fusil me brûlait les doigts, la giberne était vide, toutes les troupes convergeaient. Alors la déroute commence : les sacs sont jetés à terre, les fusils jonchent le sol. Sept à huit cents hommes courent la plaine, personne ne se retourne ; les blessés, à bout de force, tombent lourdement en avant. Il était près de six heures du matin.

Sur le Champ de Mars, il ne restait que six drapeaux, dont deux brisés, quelques cents fusils et fournitures, et, les uns par-dessus les autres, des groupes de cadavres tels que la mort les avait frappés : figure grimaçante, la poitrine percée par la balle conique des fusils de chasseurs, ou les larges baudriers presque hachés par la mitraille. Le quatrième régiment débouche sur le Champ de Mars, arrêtant tous ceux qui tentent de se sauver ; il venait reprendre ses drapeaux que nous lui avions enlevés la veille ; et ces hommes, qui nous avaient demandé aide et secours, venaient de nous mitrailler presque à bout portant.

On voyait, dans le lointain, une troupe d'hommes entrer dans les taillis du Champ de Mars et tirer de loin en loin encore quelques coups de fusil.

Nous étions cinq, courant à perdre haleine, passant sans

nous arrêter devant l'octroi, courant sur la grande route poudreuse.

Et les paysans qui n'avaient rien su de l'histoire, nous regardaient épouvantés. Devant l'hôpital des folles, je m'arrêtai exténué, laissant courir devant moi les camarades. La porte s'ouvre, on me fait entrer, on me lave, on me donne à boire du *sambucco* et de l'eau, on essuie ma capote couverte de boue et de sang.

Je restai près d'une heure chez ces bonnes folles, inquiet. Je veux partir, une bonne gardienne m'embrasse et me dit: « J'ai un fils dans l'armée. » Je redescendis dans la ville, personne ne fit attention à moi ; j'étais propre, on ne pensait pas que je venais du Champ de Mars. J'arrivai à la caserne au moment où la musique du régiment faisait son entrée, escortant le corps d'officiers, dont l'un portait nos deux drapeaux.

Les chambrées étaient presque vides, tous les hommes qui y étaient restés avaient été envoyés dans les postes les plus éloignés. On s'empressait d'enlever les cartouches de ceux qui descendaient la garde. De temps à autre, des fenêtres des septième et huitième compagnies un coup de sifflet retentissait ; alors les soldats couraient armés aux fenêtres, et les officiers qui se promenaient dans la cour se sauvaient à toutes jambes en dehors du quartier.

Les heures passèrent, personne ne faisait attention à moi. Quand vint l'heure de la soupe, j'allai aux cuisines prendre ma gamelle et je me retirai dans ma chambre sans mot dire, puis j'entendis mon nom prononcé dans la chambre voisine et le sergent-major m'appeler ; il a à la main le rôle matricule de la compagnie. Nous descendîmes dans la cour. Au milieu, un tas énorme de débris, retirés du Champ de Mars, étaient triés par une cinquantaine de soldats. Chacun tirait de son côté la lettre de sa compagnie. Tout ce qui était marqué d'un J appartenait à la première.

Je connaissais par cœur toutes les matricules, ayant cent fois copié et recopié les rôles de ma compagnie.

Je comptais chaque fourniment. Il y avait des baïonnettes brisées à la douille, tordues à la lame; des fusils ensanglantés, crosse brisée; des tambours crevés de part en part, des sabres dont la poignée avait disparu, des képis percés, coupés par le milieu, visières arrachées; des souliers informes, des sacs écrasés : on en faisait des tas immenses. Il y avait des baudriers troués par la petite balle du fusil des chasseurs; une goutte de sang, grosse comme une tête d'épingle, désignait la blessure. Un tablier de sapeur était littéralement haché.

Dans la deuxième compagnie, j'entendis appeler 6954, matricule de Bérard, et involontairement je pensai à la chanson du matin : « Mon arrêt descend du ciel. » Un bisciaen lui avait brisé la tête.

Quand cette corvée fut terminée, il résulta que 57 hommes de la compagnie étaient morts ou blessés, le reste courait les campagnes. On disait qu'ils étaient deux cents dans l'antique temple de Jupiter, à Baïa, décidés à mourir plutôt que de se rendre. Le général Filangieri avait ordonné aux paysans, pour éviter l'effusion inutile du sang, de leur donner à manger.

Dans l'après-midi, un ordre du roi ordonna de licencier le régiment, et que tous ceux qui le voudraient pourraient rentrer chez eux. Cet ordre fut accueilli par des bravos frénétiques.

Dans les bureaux des comptables, tous les soldats capables travaillaient, chacun faisait des congés. On nous annonça que nous partirions le lendemain.

On avait relevé sur le Champ de Mars les morts et les blessés, on en avait rempli huit grands fourgons à six chevaux. Du Champ de Mars à St-Elme, la route était arrosée du sang qui coulait entre les planches, et la foule émue regardait le quatrième régiment escortant les blessés jusque dans les prisons du fort. Les femmes pleuraient en se signant; derrière elles se cachaient, tremblants, les enfants. Les jeunes filles regardaient passer ces lourds fourgons, sur lesquels étaient entassés pêle-mêle ces membres brisés, ces corps inertes dont les blessures saignaient à chaque soubresaut.

Il n'y avait dans notre caserne ni ordre, ni appel, ni discipline, les hommes jetaient par les fenêtres tout ce qui pouvait les embarrasser pour le départ.

Le lendemain, à cinq heures du soir, on se réunit dans la cour, chacun avec son petit bagage. Les officiers qui voient leur carrière brisée nous regardent, furieux, et nous, chose étrange, nous entonnons les chants nationaux, nous chantons aussi la *Marseillaise*. Le lieutenant Robert nous fait le poing et nous crie: «Taisez-vous, tas de gueux!» Puis nous nous mettons en marche et descendons le long des petites rues qui conduisent à la *Zecca* et de là à la *rue Sale* et au port. Le long des rues une foule de monde nous regarde passer. Il y a des femmes qui agitent leurs mouchoirs en signe d'adieu. Quelques *lazzaroni*, à qui nous avions donné de la soupe, nous serrent la main; d'autres, a qui nous avions donné maint coup de pied, sifflent. Dans le port, six lourds vapeurs fument et nous attendent. Nous nous élançons dans les bateaux d'abordage, et une demi-heure après nous étions sur les ponts des bateaux. Le soleil se couchait derrière des flots d'or. Autour des paquebots de transport, des centaines de barques que balancent les grandes vagues : ce sont presque tous des étrangers établis à Naples, des Français, des Anglais, des Suisses, que la curiosité amène pour nous voir encore une fois; puis la nuit descend, calme et tranquille; la joie nous suffoque.

Nous attendions avec impatience le signal du départ qui n'arrivait pas; en revanche, le ciel s'assombrit, une pluie diluvienne tomba toute la nuit. Les entre-ponts sont fermés, nous nous serrons les uns contre les autres sous le moindre abri, mais bien peu restent secs; l'eau entrait par le cou et coulait le long du corps.

Encore cette dernière épreuve, pensai-je.

Le jour apparut pâle derrière les monts; les nuages, chassés par le vent, semblaient flotter au-dessus de nos mâts. Enfin le soleil brille au ciel et la vapeur passe bruyante dans les cheminées. On appareille. Les chants commencent; le *Rufst du...* est entonné par douze cents voix. Penchés sur les bastingages, nous regardons, impatients, tapoter dans la vague les palettes des roues; puis le sifflet se fait entendre et la terre file derrière nous. Une joie folle nous envahit, on crie, on rit, on s'embrasse;

Suisses allemands, Suisses français se tendent la main, et un soleil splendide sécha nos vêtements trempés.

Autour du navire, les *pescecane* semblaient nous faire escorte; il y en avait des centaines et des centaines; ils nageaient, alignés comme des pelotons de soldats; parfois il s'en détachait un qui faisait deux ou trois fois le tour du vapeur, plongeant devant les roues et se jouant dans les vagues. Les mouettes regagnaient la pleine mer en poussant des cris stridents, et Naples disparaissait dans le bleu de l'horizon.

Avec quelle âme nous chantions :

> Vers les rives de France,
> Voguons en chantant, etc.

Nous regardions avec effroi ceux de nos camarades qui n'avaient pu prendre place sur les bateaux à vapeur et qui étaient sur un petit navire à voile remorqué lui-même par un de nos steamers. La corde se tendait par secousse, alors les trois quarts de ceux qui étaient debout tombaient à la renverse, on riait et l'on était content. Naples avait disparu à l'horizon, on avait dépassé les îles, on ne voyait plus que la pleine mer, et ces vagues qui s'entre choquaient aux vagues formaient à perte de vue des lignes que l'œil ne pouvait suivre. Nos roues battaient l'écume, je bénissais la vapeur et sa bienfaisante célérité. Je croyais déjà les voir grandes tours de Gênes, ses forts poindre à l'horizon; mais le gouvernement napolitain nous réservait encore de longs jours de souffrance.

A 11 heures, au lieu de Gênes, nous vîmes Gaëte et ses fortifications se dessiner. Sur un commandement du vapeur où nous étions, toutes les poupes se dirigent vers la ville. A midi on jette l'ancre, la vapeur crie et meurt dans les tuyaux, nous ne bougeons plus.

Qu'elles furent longues pour nous ces journées de Gaëte! Impossible de descendre à terre, réduits à nous nourrir d'un biscuit qu'on ne pouvait casser en le lançant à terre, et d'un petit morceau de fromage blanc, salé comme l'eau de mer, dans l'intérieur duquel des vers, pareils à des vers de suif, grouillaient à donner mal au cœur.

Sur nos têtes, un soleil de plomb brûlait le pont, aucune place pour étendre nos membres endoloris. L'eau, dans une grande cuve brûlée par le soleil, était plus que tiède, elle était chaude.

Autour de nous, les barques, les patrouilles faisaient bonne garde. Au-dessus de nos têtes, les canons des forts étaient braqués sur nos vaisseaux, et le capitaine, tranquille, fumait son havane dans sa cabine et dégustait un sorbet dont la vue seule me donnait soif.

Qu'elles furent longues ces journées des dimanche 10, lundi 11, mardi 12 et mercredi 13 juillet! Je crus que nous allions mourir à Gaëte.

Le consul sarde, à Gaëte, avait refusé le passage par Gênes, et la France l'accordait par Marseille. Le mercredi, j'obtins la permission, avec trois ou quatre camarades, d'aller à terre chez le consul de France. Il y avait dans la barque : Vicarino, de Fribourg, mort dans la Seine, à Paris; Imperatori, officier garibaldien, frère de celui qui commit l'attentat, avec Greco et autres, contre l'empereur; puis Baraud, mort en revenant du Mexique. A terre, on nous escorta chez le consul, et les soldats de marine ne nous permirent pas même de nous désaltérer près d'un aquaiolo. Plus tard. Garibaldi a rendu à ces chiens de soldats de marine la monnaie de leur pièce, et nous n'avons rien à leur reprocher.

Je jetais, pour passer le temps, par petits morceaux, mon biscuit par-dessus le bord; alors, du fond de la mer, les *mule* venaient, par bandes, les prendre avec leurs longs becs; le soir, au coucher du soleil, et comme se donnant le mot, toute la troupe disparaissait dans le fond vert sombre du golfe.

Le mercredi après midi, on nous pria fort poliment, ma foi, et c'était la première fois, de nous atteler aux cordes et de remonter les ancres. Ce fut vite fait; puis les grandes roues recommencèrent à battre les flots; Gaëte, à son tour, disparut à nos yeux. Nous vîmes encore longtemps, au-dessus des flots, sa grande tour au bord des rochers et derrière les montagnes arides des Etats Romains.

Une brise chaude, amenant avec elle les senteurs de la mer, nous réchauffa pendant cette nuit. Le lendemain, en pleine mer, et de temps à autre, un bâtiment nous saluait par trois fois sur notre passage.

Chose étrange, le même bâtiment *Vesuvio*, qui m'avait amené, me remmenait.

Nous regardions avidement au loin, cherchant à percer l'immensité de l'horizon; mais, hélas! toujours rien. Le jeudi soir, l'île de Corse était à notre gauche; le vendredi, devant nous, les îles d'Hyères et les grandes côtes escarpées couvertes de moulins à vent. Le lendemain nous eûmes tout le jour, à notre gauche, les côtes de France. Vers le soir, nous passâmes entre la flotte française qui revenait d'Italie. Qu'ils étaient imposants ces lourds vaisseaux de ligne, élevant et descendant par trois fois le drapeau de la France ! Nos matelots saluaient à leur tour avec le grand drapeau blanc aux armoiries jaunes.

Toulon, dans le lointain, brillait au soleil couchant, puis des montagnes bleues se succédaient sans relâche. la dernière nuit approchait. Il était bien tard quand nous vimes des milliers de lumières briller devant nous; nous étions dans le port de Marseille. Sur les murs des jetées, les gamins, voyant nos vestes blanches, criaient : « Eh ! des prisonniers autrichiens. » Notre bateau prit place entre deux grands vapeurs, l'un américain, le *Brigthon*, l'autre espagnol, le *Pelasjo*. La nuit était belle ; cette forêt de mâts, à travers laquelle on distinguait les hautes maisons blanches et les grands écriteaux français, tout cela me semble arrivé d'hier.

Le lendemain matin, chacun sautait de bateau en bateau jusqu'à terre ; personne n'aurait osé nous retenir. Une fois à terre, on se retournait, menaçant du poing cette terre maudite pour le soldat, que symbolisaient encore les vapeurs napolitains.

On nous fit camper sur le plateau de Saint-Jean, dans un camp que venaient d'abandonner les zouaves. On mit trois ou quatre régiments de ligne en route pour nous rassembler tous. Et les *chasseurs de France*, aux uniformes verts, riaient de voir quelques soldats pris de vin. Après tant de privations, on pouvait bien nous passer cela. Dans les rues, les vestes blanches, bras dessus bras dessous, chantaient avec les zouaves bronzés.

Quand la nuit fut venue (c'était le samedi), on nous

embarqua, par quarante, dans des wagons à bestiaux, et toute la nuit, sans arrêt, le train roula vers la patrie.

Le dimanche 17 juillet, à deux heures de l'après-midi, le train s'arrêta dans la gare de Genève, au milieu de la foule accourue pour nous voir. Les autorités nous avaient donné, pour garde d'honneur..... des gendarmes.

CONCLUSION

Près de dix années ont passé sur ces tristes épisodes. La Suisse, rendue prudente, défend énergiquement le recrutement, et, si ses enfants s'expatrient et servent encore des rois, des empereurs et le pape, en bonne mère la Suisse a fait son devoir.

Quelquefois le souvenir de ces années de misère et d'exil me revient à la mémoire, et je ne puis m'empêcher d'accorder une pensée à mes bons camarades d'autrefois, chez lesquels, souvent, une capote grossière recouvrait un cœur d'or. Combien de ces pauvres jeunes gens qui, dans la patrie, seraient devenus d'habiles artisans, d'honnêtes pères de famille, étaient là-bas de vieux ivrognes, aux goûts dépravés et honteux.

Et maintenant, lecteurs, si ce modeste récit vous a intéressé, peut-être vous ferai-je le récit des faits qui ont suivi le départ des régiments. Je vous parlerai du siége de Gaëte, de la jeune reine, calme au milieu des malheurs qui accéléraient la ruine de ce règne déjà si court. Je vous parlerai encore des débris des régiments et du treizième bataillon qui se battirent en Sicile, en Calabre, à Capoue et sur le Volturne, défendant toujours fièrement cette détestable cause pour laquelle ils s'étaient dévoués.

Aujourd'hui la bannière de la Suisse ne flotte plus qu'en Suisse, et si ses enfants vont grossir les rangs des armées qui asservissent les peuples, c'est une tache qui retombe sur les individus et non sur la nation.

François II est toujours à Rome, il n'a pu oublier ses splendeurs passées, son armée brillante, ses chasseurs agiles et ses gardes majestueux; parfois Naples et son beau ciel, son Vésuve en feu et ses nuits embaumées, passent devant ses yeux: alors le roi déchu distribue encore, comme s'il régnait, des médailles du *mérite militaire*, des croix de *St-George et St-Janvier*. Ses courtisans ne cessent de lui représenter son peuple attendant avec impatience le retour de la fleur de lis sur les monuments publics, les couvents, dans les processions auxquelles prenaient part les dévots par milliers. Illusion! illusion! On balaye maintenant les rues de Naples; la garde nationale, partout, acclame l'unité; le drapeau tricolore flotte sur St-Elme, et les insouciants lazzaroni ont été obligés de décliner leurs noms et prénoms devant le *municipio*. Le Naples des Bourbons a fait place à la nouvelle capitale du sud; le buste de Victor-Emmanuel a remplacé celui de Ferdinand II ou de François, et celui de Garibaldi a fait mettre de côté bien des images de saints.

Dans les rues courent les désœuvrés; les militaires coudoient toujours les filles du peuple, et les officiers vont faire faction de temps à autre devant les boutiques où travaillent les *gantières*, fumant insolemment leurs gros cigares ; mais tout cela n'est rien, c'est l'armée nationale. Le peuple a peu à peu perdu le goût de la guenille.

Seul, quelquefois, un gros cantinier se gratte la tête et dit en confidence à l'étranger qui consomme, debout, un sorbet sur la grande banque de marbre : « C'est égal, les Suisses étaient bien un peu grossiers, mais ils faisaient joliment danser les grosses pièces de cinq sous. »

L'histoire impartiale a pris note de cet épisode du Champ de Mars, elle l'a classé, avec les massacres du 15 mai, le pillage des banques et les mystères de la Vicaria, au bilan du règne des Bourbons.

Les noms des quelques braves qui ont fait plus pour l'unité italienne que toutes les guerres de l'indépendance, ont été oubliés et leurs corps jetés dans les grandes fosses du Campo Santo, pêle-mêle avec les gens du peuple et les lazzaroni. La presse des Bourbons a répandu aux quatre vents de la terre des détails mensongers de l'affaire. D'après elle, les menées révolutionnaires, les agents provocateurs de l'Italie, l'argent de la France, telles étaient les causes de la révolte.

Jamais, quelque détestable qu'ait été la cause qu'ils défendaient, les Suisses n'ont trahi cette cause pour de l'argent, et, nous autres, obscurs soldats de cette époque, nous dirons : « Rappelez-vous ces punitions sans motifs, cette tyrannie barbare, ces coups de bâton, ces soldats renvoyés chez eux la tête à moitié rasée ; rappelez-vous

Ulrich, rappelez-vous ces pauvres galériens assis, pensifs, la chaîne aux pieds, sur les canons de la Darsène, regardant au loin les navires qui emportaient vers la patrie, au milieu de mille clameurs, les heureux congédiés.

FIN.

EN VENTE

Ouvrages de J. PETIT-SENN:

Mes cheveux blancs; poésie. . . . . Fr. 2 50
Le portefeuille de Petit-Senn : prose. » 2 —
Bluettes et boutades d'Elzévir. . . . » 2 50
Bigarrures littéraires, poésie. . . . » 1 50

Chez MM. Jullien et Cherbuliez, libraires.

Chez M. St Blanc, libraire-éditeur, à Lausanne
et chez les principaux libraires de la Suisse.

Ouvrages de Méril CATALAN:

M. Dumarret l'aéronaute. 1 vol. Prix : Fr. 1 50
Le manoir de Vert-Clos, étude de mœurs
savoisiennes. 1 vol. . . . . » 1 50
La double cure, comédie en 1 acte

Sous presse pour paraître prochainement.

du même auteur:

L'oncle de Morges. 1 vol.
Le baillif de Rauchensten.
Juliette a dit oui....

Ouvrages de M. FŒX:

Les Mendiants, 2 vol. . . . . Fr. 3 —
Lassauve, 1 vol. in-12. . . . . » 3 —

Chez les principaux libraires.